Sérgio Simka (Coordenação)
Rosa Maria M. Beloto

O uso da vírgula

NÃO É UM BICHO-DE-SETE-CABEÇAS

EDITORA CIÊNCIA MODERNA

O Uso da Vírgula não é um Bicho-de-sete-cabeças
Copyright© Editora Ciência Moderna Ltda., 2018

Editor: Paulo André P. Marques
Produção Editorial: Dilene Sandes Pessanha
Capa: Daniel Jara
Diagramação: Rosane Correa Abel

FICHA CATALOGRÁFICA

SIMKA, Sérgio (Coordenação); BELOTO, Rosa Maria Mijas.

O Uso da Vírgula não é um Bicho-de-sete-cabeças

Rio de Janeiro: Editora Ciência Moderna Ltda., 2018.

1. Gramática da Língua Portuguesa
I — Título

ISBN: 978-85-399-0833-2 CDD 469.5

Editora Ciência Moderna Ltda.
R. Alice Figueiredo, 46 – Riachuelo
Rio de Janeiro, RJ – Brasil CEP: 20.950-150
Tel: (21) 2201-6662/ Fax: (21) 2201-6896
E-MAIL: LCM@LCM.COM.BR
WWW.LCM.COM.BR **02/18**

Apresentação

Já dizia o mestre Celso Pedro Luft que a virgulação em Língua Portuguesa obedece a critérios sintáticos.

A professora Rosa Maria M. Beloto não foge à lição, pois apresenta as regras acerca do uso da vírgula, precedidas das competentes e didáticas explicações no que tange ao universo da análise sintática, sobretudo quando se reporta ao período composto por subordinação.

Mas não feche o livro, caro leitor! Você será apresentado a essas e outras regras de uma forma muito particular e bem prazerosa, como se a autora estivesse ministrando uma aula especialmente a você.

Essa talvez seja uma das características marcantes da professora Rosa: a capacidade de abordar um assunto de maneira que todos possam compreender, com maestria e simplicidade, sem descuidar, é claro, do rigor teórico que os tópicos necessariamente demandam.

Particularmente, estou muito feliz pelo fato de a professora Rosa Beloto ter aceitado o convite para escrever um livro para a série, que, desde 2008, vem publicando títulos sob a rubrica de uma nova maneira de ver temas contemporâneos, ou vê-los de forma diferente, especial.

Quero aproveitar também a ocasião para, publicamente, expressar meu agradecimento ao editor da Ciência Moderna, por ter decidido publicar a série, e a toda a equipe da editora, que a cada livro, a cada novo "bicho", faz engrandecer o conhecimento de milhares de pessoas.

Prof. Sérgio Simka
Idealizador e coordenador da série
"Não é um bicho-de-sete-cabeças"

Introdução

Quando ouço alguém dizer que a vírgula não tem qualquer função, que ela pode ser usada ou não e que em nada altera o sentido das frases, das mensagens, lembro-me da história contada por Madre Olívia – nome religioso da Dra. Cília Coelho Pereira Leite, professora da PUC-SP e diretora do IP – Instituto de Pesquisas Linguísticas Sedes Sapientiae para Estudos de Português na mesma Universidade e de quem fui aluna, orientanda no Mestrado e assistente – e do livro de sua autoria – **Uso da Vírgula** – da qual fui revisora (1). Eis a história:

Um viajante estava conhecendo a cidade de São Paulo e foi mordido por um cachorro. Imediatamente, ele e o cachorro foram levados ao Instituto Pasteur na Avenida Paulista para que fossem examinados, já que, dependendo do caso, o cachorro poderia ter transmitido raiva à vítima. Como o viajante morava em outro estado, o médico atendente o orientou a voltar para casa e se comprometeu a enviar notícias sobre o estado do cachorro via telegrama. O cachorro seria observado diariamente quanto à alimentação: se ele comesse normalmente, estaria saudável e não haveria risco de ter transmitido qualquer doença na mordida. Se o cachorro não se alimentasse, não haveria dúvidas de que estaria doente e de que o viajante deveria tomar vacina antirrábica para não contrair a raiva.

O viajante voltou a sua casa e aguardou as notícias. Depois de pouco tempo, chegou o telegrama com a seguinte mensagem:

Cachorro come nada, louco.

Imediatamente, o leitor desesperado do telegrama procurou um posto para a aplicação de vacina antirrábica que, na época, era aplicada em várias doses na barriga.

Depois de muito sofrimento e de ter a barriga semelhante a uma peneira, aquele homem recebeu novo telegrama:

Desculpe erro de vírgula no telegrama anterior: ***Cachorro come, nada louco.***

O caro leitor ainda acha que o uso ou não da vírgula em nada altera o sentido de uma frase, de uma mensagem?

Neste livro, vamos estudar os casos obrigatórios de uso da vírgula e os casos em que ela não pode ser usada. Tirando os casos em que ela é obrigatória e os casos em que ela é proibida, você poderá usá-la quando quiser fazer uma pausa para que o leitor de seus textos possa respirar. Há pessoas que acham que não devem colocar nenhuma vírgula em seus textos, ou seja, que querem matar por asfixia os leitores do que escrevem. Usar a vírgula não é, portanto, um bicho de sete cabeças e, sabendo usá-la, o que quer que você escreva será transmitido e entendido como queria (no sentido desejado), e seu leitor ficará vivo, feliz e mais sábio com o que leu.

http://ndonline.com.br em 22 de julho de 2015.

(1) Madre Olívia. **Uso da Vírgula**. 4.ed. Petrópolis: Vozes, 1982. (Prática de Português)

Sumário

Uso Obrigatório da Vírgula

A vírgula é um sinal de pontuação que tem três funções básicas:

1ª) Marcar as pausas breves na leitura;
2ª) Enfatizar e/ou separar termos, expressões e orações;
3ª) Esclarecer o significado de uma frase.

Com base nessas funções, vamos primeiro estudar os casos de uso obrigatório da vírgula, que serão divididos em uso da vírgula entre os termos de uma oração e uso da vírgula entre as orações de um período. Como esses casos envolvem tópicos de sintaxe, morfologia, semântica e até pragmática, sempre que necessário, será feita uma breve revisão sobre esses tópicos. Essa breve revisão terá um sinalizador: ***Vale lembrar!***

1. Uso Obrigatório da Vírgula entre Termos de uma Mesma Oração

1.1 Para separar apostos

- José, ***o padeiro,*** morreu.
- "Iracema, ***a virgem dos lábios de mel,*** tinha os cabelos negros como a asa da graúna." (José de Alencar)

Vale lembrar!

O aposto é um termo da oração que detalha, explica, resume, acrescenta informações sobre o sujeito. O aposto que vem sempre entre vírgulas é chamado de aposto explicativo.

- Leonardo da Vinci, ***pintor renascentista***, é autor da Monalisa.
- Curitiba, ***capital do Paraná***, é famosa por sua beleza.
- O morcego, ***único mamífero que voa***, é temido por muita gente.
- Elisabeth, ***a rainha da Inglaterra***, é idosa.

Em todos os exemplos, o termo grifado e entre vírgulas, acrescenta informações ao sujeito da oração.

1.2 Para separar vocativos

- ***Jorge,*** venha cá!
- A verdade, ***Rubens,*** é que não queres trabalhar.

Vale lembrar!

O vocativo é um termo da oração que põe em destaque a pessoa ou a coisa a quem ou a que se dirige a palavra, o ser a quem se fala, dirigindo-se ao receptor da mensagem pelo nome, apelido ou característica. Trata-se de um termo independente, ou seja, não se refere nem ao sujeito, nem ao predicado, por isso, se for retirado da frase, não haverá alteração de sentido.

O vocativo está presente nos dois casos abaixo de autoria de Chico Buarque de Holanda, que mostram que esse termo pode estar no início, no meio ou no final da frase:

- "Quando você me deixou, ***meu bem***, me disse pra ser feliz e passar bem."
- "***Pai***, afasta de mim esse cálice."
- "Cala a boca, ***Bárbara***!"

Também está presente nas situações diárias de comunicação:

- Você viu a confusão no recreio, ***professora***?
- A rapadura é doce, ***xará***, mas não é mole.

Ou na frase seguinte, para chamar o leitor deste livro:

- Este livro, ***caro leitor***, é sobre o uso da vírgula.

1.3 Para separar expressões explicativas ou corretivas

isto é – ou melhor – por exemplo – digo – quer dizer – além disso – aliás – a saber – assim – bem – com efeito – como dizer – demais – enfim – então – no mais – ora – ou antes – igualmente – pensando bem – pois bem – pois sim – por assim dizer – realmente – em suma – note-se bem – finalmente – em verdade – demais etc.

Sempre que essas expressões são utilizadas, obrigatoriamente elas vêm entre vírgulas. Alguns exemplos:

- A violência em São Paulo é algo muito grave, ***ou melhor***, assustador.
- Gostaria de assinar os contratos em breve, ***isto é***, no início da próxima semana.
- Faça, ***então***, o que quer.
- ***Em suma***, um livro muito ruim.

1.4 Para separar os elementos de uma enumeração linear (na horizontal) até o penúltimo elemento

- ***Pedro, José, Maria*** e Regina irão à festa.
- Ele comprou ***fogão, geladeira, mesa, cadeiras*** e pratos novos para sua cozinha.
- ***A terra, o céu, o mar,*** tudo é obra de Deus.
- O homem ***nasce, cresce, fica bobo*** e casa.

1.5 Para marcar o deslocamento do adjunto adverbial do final para o início ou para o meio da frase

Vale lembrar!

Adjunto adverbial é o termo acessório de uma oração com valor de advérbio, ou seja, que informa tempo, lugar, afirmação, negação, dúvida, modo, causa, consequência, intensidade em relação a outro termo da frase, ou seja, todo advérbio, expressão ou oração adverbial têm a função sintática de adjunto adverbial.

Gosto **muito** de você.

Sujeito: **Eu**
Predicado: **gosto de você** (núcleo: gosto, verbo transitivo indireto/ de você, objeto indireto)
Adjunto adverbial de intensidade: **muito** (palavra que intensifica a ação de gostar expressa pelo verbo da frase)

Vale a pena relembrar quais são os tipos e os exemplos de advérbios/adjuntos adverbiais mais usados e mais comuns:

1. ***Advérbios de lugar:*** aqui, cá, lá, acolá, ali, aí, além, aquém, algures (em algum lugar), alhures (em outro lugar), atrás, fora, dentro, perto, longe, através, defronte, aonde, onde etc.;
2. ***Advérbios de tempo:*** hoje, amanhã, depois, antes, agora, anteontem, sempre, nunca, jamais, já, logo, cedo, tarde, afinal, outrora, imediatamente, brevemente etc.;
3. ***Advérbios de modo:*** bem, mal, assim, depressa, devagar, pior, melhor, suavemente, comumente e a maioria dos advérbios terminados em –MENTE;

4. ***Advérbios de intensidade:*** muito, pouco, assaz, mais, menos, tão, bastante, demasiado, meio, quanto, quase, apenas, tanto etc.;
5. ***Advérbios de afirmação:*** sim, deveras, certamente, realmente, efetivamente etc.;
6. ***Advérbios de dúvida:*** talvez, acaso, possivelmente, decerto, provavelmente etc.;
7. ***Advérbio de negação:*** *não.*

Normalmente, a posição do adjunto adverbial é no final da frase:

- Meu irmão recebeu uma herança **ontem.**

A mesma frase com outros advérbios, expressões adverbiais/adjuntos adverbiais:

- Meu irmão recebeu uma herança **em São Paulo.**
  Adjunto adverbial de lugar

- Meu irmão recebeu uma herança **na semana passada.**
  Adjunto adverbial de tempo

- Meu irmão recebeu uma herança **apressadamente.**
  Adjunto adverbial de modo

- Meu irmão recebeu uma herança **realmente.**
  Adjunto adverbial de afirmação

Se o adjunto adverbial for deslocado do final para o início ou o meio da frase, esse deslocamento deve ser marcado com o uso da vírgula. Veja nos exemplos abaixo:

- ***Ontem,*** tudo era mais barato. (o normal seria: Tudo era mais barato ontem)

- ***No século passado,*** a Medicina começou a se desenvolver.
- A vítima, ***cautelosamente,*** conseguiu fugir do cativeiro.
- ***Sim (ou não),*** tenho um amante.

Observação importante:

Qualquer termo da oração deslocado de sua posição normal na frase deverá estar sempre marcado com a vírgula, lembrando que a ordem normal dos termos de uma oração são sujeito+predicado+adjunto adverbial. Por exemplo:

Meu sobrinho viajou ontem.

Sujeito: **Meu sobrinho** (Núcleo do sujeito: sobrinho – Adjunto adnominal: meu);
Predicado: **viajou**;
Adjunto adverbial de tempo: **ontem.**

Se o sujeito for deslocado para o final da frase, esse deslocamento deverá ser marcado com a vírgula:

Viajou ontem, meu sobrinho.

1.6 Para marcar a elipse de um termo (de um verbo, por exemplo)

Elipse é a supressão de uma palavra facilmente subentendida. Consiste da omissão de um termo facilmente identificável pelo contexto ou por elementos gramaticais presentes na frase, mas que não foi anteriormente citado.

Vale lembrar!

Muitas gramáticas separam a ***elipse*** da ***zeugma.*** Zeugma é uma supressão de um termo ou expressão anteriormente mencionada. A zeugma, portanto, é um tipo de elipse, por isso não há motivos para separação. A supressão de um termo já citado ou não na frase é elipse e é marcada pelo uso da vírgula.

Exemplos:

- Gosto do amarelo e você, do azul. (Gosto do amarelo e você **gosta** do azul: no lugar do segundo verbo gostar e para não repeti-lo, a vírgula o substitui.)
- Uns diziam que se matou e outros, que fora para o Acre. (Uns diziam que se matou e outros **diziam** que fora para o Acre.)
- Carmem ficou alegre e eu, muito triste. (Carmem ficou alegre e eu **fiquei** muito triste.)
- Eu trabalho com fatos e você, com boatos. (Eu trabalho com fatos e você **trabalha** com boatos.)
- "A tarde talvez fosse azul, não houvesse tantos desejos." (há a omissão da conjunção subordinativa condicional "se" não citada anteriormente: A tarde talvez fosse azul **se** não houvesse tantos desejos)

1.7 Para isolar topônimos (nomes próprios relacionados a um determinado lugar), seguidos de sua respectiva data ou em endereços

Maceió, 12 de fevereiro de 2009. (local e data em uma carta)
Rua 25 de março, 58. (na informação de um endereço)

1.8 Para marcar o anacoluto

O anacoluto é uma figura de construção que consiste na ruptura da ordem lógica da frase de tal forma que um termo fique sem enlace sintático-semântico com os demais. A frase começa com uma informação interrompida por outra que nada tem a ver com a primeira. É um recurso muito utilizado nos diálogos, que procuram reproduzir na escrita a língua falada. Também permite a caracterização de estados de confusão mental. Essa interrupção da ordem lógica da frase (mudança repentina de assunto) é marcada pela vírgula:

A menina, ***quem pegou minha toalha de rosto?***
Os jovens, ***o programa espacial está cancelado nos Estados Unidos.***

Para que verifique o que conseguiu assimilar até aqui sobre o uso obrigatório da vírgula, segue um exercício. O gabarito está no final deste livro. Não tente se enganar, faça primeiro o exercício e só depois consulte o gabarito. Errar é uma das formas de aprender:

Exercícios – I

I – Justifique o uso da vírgula nas frases abaixo:

1. "Finalmente, vão os bons para o céu e os maus, para o inferno." (P. Vieira)
2. "Aristóteles, o maior filósofo de todos os tempos, foi o criador da Lógica." (Leonel Franca)
3. "Penso, logo existo." (Descartes)
4. "O amor, por exemplo, é um sacerdócio." (Machado de Assis)
5. "Sabeis, cristãos, por que não faz fruto a palavra de Deus?" (Vieira)
6. Faça o molho, a batata assada, o frango grelhado e a macarronada por volta de 11 horas.
7. "Uma noite, no seio da cabana, a virgem de Tupã tornou-se esposa de Martin." (José de Alencar)
8. Rua Padre Machado, 398.
9. "Era mister, pois, que eu fosse posto às varas do ridículo." (Rui Barbosa)
10. Sim, é o que quero.

II – Coloque a vírgula onde ela é obrigatória, justificando:

1. Com afinco muitos alunos estudaram a matéria da prova.
2. A Bahia o estado mais africano do Brasil é a morada do sol.
3. Ele prefere cinema e eu teatro.
4. Aquela paisagem nos despertava confiança tranquilidade e calma.
5. Meus amigos a ordem é a base do governo. (Machado de Assis)
6. Naquele dia os candidatos receberam a imprensa.
7. Eles se esforçaram muito porém não obtiveram o resultado desejado.
8. A sua atitude isto é o seu comportamento merece elogios.
9. Havia uma enorme cadeira na sala e no quarto um pequeno baú.
10. A medida aplicada no entanto não resolveu o problema.

2. Entre Orações num Período

Vale lembrar!

Um período é um conjunto de orações independentes ou dependentes entre si. Um período simples é um período com apenas uma oração. Um **período composto por coordenação** é um período composto por orações coordenadas entre si ou INDEPENDENTES sintática e semanticamente, ou seja, cada uma tem estrutura e sentido completos e pode ser separada. Por exemplo:

Maria trabalha e Pedro dorme.

Temos um período formado por duas orações completas em sentidos e independentes entre si. É um período formado por orações coordenadas.

No período: "Fico mais aborrecido à medida que leio os jornais diários", as orações não têm estrutura nem sentido completos: uma depende sintática e semanticamente da outra. É um **período composto por subordinação**.

2.1 Entre orações coordenadas

Num período composto por coordenação, a primeira oração é chamada de inicial e a segunda, de oração coordenada. Se as orações estiverem ligadas por meio de uma conjunção coordenativa, a oração coordenada é classificada como SINDÉTICA seguida do mesmo nome da conjunção que a inicia.

No período:

- Ele é bonito, mas tem mau hálito.

Ele é bonito: oração inicial / **mas** tem mau hálito: oração coordenada adversativa, pois é iniciada por uma conjunção coordenativa adversativa.

Se, num período composto por coordenação, as orações não estiverem ligadas por meio de uma conjunção coordenativa, a oração coordenada é classificada como ASSINDÉTICA. Exemplo:

- Será uma vida nova, começará hoje, não haverá nada para trás.

As três orações que compõem o período estão ligadas por vírgula e não por conjunções.

Será uma vida nova: oração inicial/começará hoje: oração coordenada assindética/ não haverá nada para trás: oração coordenada assindética.

Vale lembrar!

CONJUNÇÕES COORDENATIVAS (ligam orações independentes entre si):

1. ***Aditivas:*** e, nem, também, bem como e outras que iniciam uma ideia de adição, de soma ao que foi informado na frase anterior;
2. ***Adversativas:*** mas, porém, todavia, contudo, entretanto, no entanto e outras que iniciam uma ideia de oposição à informação contida na oração anterior;
3. ***Alternativas:*** ou...ou, ora...ora, quer...quer, seja...seja etc.;
4. ***Conclusivas:*** logo, portanto, por isso, assim e outras que iniciam uma conclusão do que foi informado na frase anterior;

5. ***Explicativas:*** porque, pois e outras que iniciam uma explicação do que foi informado na frase anterior.

Veja nas frases abaixo como não há necessidade de "decorar" as listas de conjunções coordenativas se a ideia com que iniciam for observada:

- Ele trabalhou a vida toda, ***no entanto*** não ficou rico.

A conjunção inicia uma ideia de oposição ao que foi informado na oração inicial.

- Ele trabalhou a vida toda, ***portanto*** deve ter ficado rico.

A conjunção inicia uma ideia de conclusão lógica do que é informado na oração inicial.

- Ele trabalhou a vida toda, ***pois*** não ficou rico.

A ideia que a conjunção inicia é uma explicação do que é informado na oração inicial.

Como se pode notar, antes de cada conjunção coordenativa que inicia uma oração coordenada sindética há a presença da vírgula. Então, este e outros casos de uso obrigatório da vírgula entre orações coordenadas podem ser estudados:

2.2.1 Antes de conjunções coordenativas nas orações coordenadas sindéticas

- Aquele político rouba, ***mas*** faz.
- Cumprimos nossa obrigação, ***logo*** nada temos a temer.
- A ilha é virgem, ***porque*** o vento é fresco.

2.1.2 Para separar orações intercaladas

Por serem independentes da estrutura sintática do período, sua existência se deve ao fato de inserirem uma opinião, observação, ressalva ou advertência:

- A História, ***diz Cícero,*** é a mestra da vida.
- Os brasileiros, ***gritou o presidente,*** estão sem medo da felicidade!

2.1.3 Para separar os elementos paralelos de um provérbio

Vale lembrar!

Os provérbios são ditos populares (frases e expressões) que transmitem conhecimentos comuns sobre a vida e passam de geração a geração, sendo repetidos e utilizados com frequência em determinadas culturas ou épocas:

- Tal pai, tal filho.
- Quem tudo quer, tudo perde.
- Quem dorme com criança, acorda molhado.
- Rei morto, rei posto.
- Mocidade ociosa, velhice vergonhosa.
- Casa de ferreiro, espeto de pau.

2.2 Entre orações num período composto por subordinação

Subordinação é dependência. Num período composto por subordinação, as orações dependem sintática e semanticamente umas das outras. A oração subordinada (OS) é sempre um termo sintático que está faltando na oração principal (OP). A palavra que liga a oração principal à oração subordinada é a conjunção subordinativa, que pode ser dos seguintes tipos:

1. ***Causais:*** porque, visto que, já que etc.;
2. ***Consecutivas:*** QUE precedido de tal, tão, tanto etc.;

3. ***Comparativas*:** como, mais que, menos que, do que, tal qual, tanto como etc.;
4. ***Concessivas***: embora, apesar de, ainda que, mesmo que, posto que etc.;
5. ***Condicionais***: se, caso, a não ser que, desde que, ao menos que;
6. ***Conformativas***: conforme, segundo, de acordo com, consoante, como etc.;
7. ***Finais***: a fim de que, para que etc.;
8. ***Proporcionais*:** à proporção que, à medida que, quanto mais...mais, quanto mais...tanto mais, quanto mais...tanto menos etc.;
9. ***Temporais*:** quando, logo que, assim que, antes que, depois que, sempre que, agora que, enquanto etc.;
10. ***Integrantes***: que.

OBSERVAÇÃO: Os nomes das conjunções já indicam o tipo de ideia que cada uma delas inicia.

Vale lembrar!

Dependendo do termo que falta na oração principal, a oração subordinada será esse termo e receberá a seguinte classificação:

Temo *que não venhas*.
Oração principal: Temo

O verbo temer é um verbo que precisa de complemento (o que eu temo?) e ele é, por isso, um verbo transitivo. Como no complemento desse verbo não há preposição, o complemento – também chamado objeto – é um objeto direto. O verbo temer, então, é transitivo direto.

Nota-se que, na oração principal, só há o verbo transitivo direto temer, que precisa de um objeto direto; a oração, no entanto, termina e a subordinada começa em seguida, iniciada por uma conjunção subordinativa integrante "que". Onde está o objeto direto da oração principal? É a oração seguinte, que por ser um objeto direto – função sintática normalmente exercida por um substantivo – recebe o nome de **ORAÇÃO SUBORDINADA SUBSTANTIVA OBJETIVA DIRETA**:

Temo / que não venhas.
OP **Oração subordinada substantiva objetiva direta**

A oração subordinada substantiva sempre será:

- Ou o sujeito (oração subordinada substantiva SUBJETIVA)
- Ou o predicativo
  (oração subordinada substantiva PREDICATIVA)
- Ou o objeto direto
  (oração subordinada substantiva OBJETIVA DIRETA)
- Ou o objeto indireto
  (oração subordinada substantiva OBJETIVA INDIRETA)
- Ou o complemento nominal (oração subordinada substantiva COMPLETIVA NOMINAL) da oração principal.

Exemplos:

É fundamental ***que você estude.***
OP ***Oração subordinada substantiva subjetiva***
(falta o sujeito da OP)

Todos querem ***que você estude.***
OP ***Oração subordinada substantiva objetiva direta*** (agora, falta o objeto direto na OP)

Seu pai insiste em ***que você estude.***
OP — ***Oração subordinada substantiva objetiva indireta***
(agora, falta o objeto indireto na OP)

Nosso desejo é ***que você estude.***
OP — ***Oração subordinada substantiva predicativa***
(na OP o verbo de ligação não está seguido do predicativo do sujeito)

Temos necessidade de ***que você estude.***
OP — ***Oração subordinada substantiva completiva nominal***
(na OP falta o complemento nominal)

Além das orações subordinadas substantivas há as orações subordinadas que são sintaticamente adjunto adverbial da oração principal, chamadas, por isso, orações subordinadas adverbiais, classificadas de acordo com a ideia que iniciam (e da conjunção inicial).

No período:

Irei à festa se você me levar.

A oração principal é ***Irei à festa,*** que está completa sintática e semanticamente.

A oração subordinada é ***se você me levar.*** Nota-se que a oração subordinada contém uma informação que é CONDIÇÃO para que o que é informado na principal se realize, e que a oração subordinada é iniciada por uma conjunção subordinativa CONDICIONAL. É por isso que a oração subordinada é adverbial condicional.

Exemplos de outros tipos de orações subordinadas adverbiais, conforme a ideia que iniciam e conforme a conjunção que as iniciam:

- As ruas ficaram alagadas ***porque a chuva foi muito forte.***

  Oração subordinada adverbial causal

  (indica a causa das ruas terem ficado alagadas)

- A fome era tanta ***que ele comeu a fruta com casca e tudo.***

  Oração subordinada adverbial consecutiva

  (indica a consequência, o resultado de tanta fome)

- Ela é elegante ***apesar de pobre.***

  Oração subordinada adverbial concessiva

  (indica concessão, ou seja, mesmo com impedimento, o que é expresso na OP acontece)

- Fiz o bolo ***conforme ensina a receita.***

  Oração subordinada adverbial conformativa

  (indica conformidade, ou seja, fazer algo seguindo uma norma, um modelo, um padrão)

- Farei plástica ***para que arrume um namorado jovem e belo***.

  Oração subordinada adverbial final

  (indica a finalidade, o objetivo é fazer plástica)

- Mais aprendemos ***à proporção que estudamos.***

  Oração subordinada adverbial proporcional

  (indica proporção do aprendizado em relação ao estudo)

- Outros convidados chegaram ***quando você saiu da festa.***

  Oração subordinada adverbial temporal

  (claro que indica tempo)

- Ele gritava ***como um cavalo relinchando.***

  Oração subordinada adverbial comparativa

  (inicia a ideia de comparação entre o cavalo relinchando e alguém gritando)

Assim como num período simples, em que a ordem normal dos termos é SUJEITO-PREDICADO-ADJUNTO ADVERBIAL, num período em que há uma oração subordinada adverbial, a ordem normal é que ela venha sempre após a oração principal.

2.2.1 Marca-se com a vírgula o deslocamento da oração subordinada adverbial do final para o início do período, ou seja, quando ela é deslocada para antes da oração principal

Assim como numa frase simples, quando o adjunto adverbial é deslocado para o início ou o meio da frase, esse deslocamento é marcado pelo uso da vírgula, no caso da oração adverbial, o mesmo ocorre. Afinal, a oração subordinada adverbial é adjunto adverbial da oração principal. Vamos aproveitar alguns exemplos de orações adverbiais citados:

- ***Apesar de pobre***, ela é elegante.
  Oração adverbial OP
- ***Para que arrume um namorado jovem e belo***, farei plástica.
  Oração adverbial OP
- ***Quando você saiu da festa***, outros convidados chegaram.
  Oração adverbial OP

> IMPORTANTE: NÃO SE USA VÍRGULA PARA SEPARAR ORAÇÕES SUBORDINADAS ADVERBIAIS CONSECUTIVAS:
> Era de tal jeito exigente que nada lhe servia.

Além das orações subordinadas substantivas e adverbiais, há um último tipo de oração subordinada: a adjetiva. Como o nome já diz, é uma oração que vale por um adjetivo, que exerce a função sintática de adjunto adnominal ou de aposto da oração principal e que normalmente é iniciada por um PRONOME RELATIVO.

Há dois tipos de orações subordinadas adjetivas:

1. ORAÇÃO ADJETIVA RESTRITIVA: especifica o sentido do nome a que se refere, restringindo seu significado a um ser único, definido por ele. Não existe marca de pausa, como vírgulas, entre este tipo de oração e a oração principal. São indispensáveis para a compreensão da frase.

Ele é um dos poucos artistas *que recebem ótimo salário na emissora.*
OP Oração subordinada adjetiva restritiva

Nota-se que a informação contida na oração subordinada refere-se a uma única pessoa: aquele artista em particular. Veja a diferença dessa oração adjetiva com o outro tipo a seguir.

2. ORAÇÃO ADJETIVA EXPLICATIVA: acrescenta uma informação acessória, ampliando ou esclarecendo um detalhe de um conceito que já se encontra definido. Aparece sempre separada por vírgulas e pode ser retirada da frase sem que haja alteração do seu sentido. Veja como isso é verdade na frase:

O ser humano, ***que é um animal racional***, mata sem limites.
OP Oração subordinada adjetiva explicativa OP

Nota-se que a informação contida na oração subordinada refere-se a todos os seres da espécie humana, vem entre vírgulas e pode ser retirada do período, pois a oração principal é sintática e semanticamente completa (O ser humano mata sem limites).

Assim, ao estudarmos as orações subordinadas adjetivas explicativas, temos mais um caso de uso obrigatório da vírgula.

Antes, porém,

Vale lembrar!

São pronomes relativos: que, o qual, a qual, os quais, as quais, cujo, cujos, cuja, cujas.

Assim, quando houver dúvidas se uma palavra QUE é pronome relativo ou conjunção integrante, substitua-a por outro pronome relativo e, se der certo, é pronome relativo mesmo:

A menina, **que** conheci ontem, é minha prima.
A menina, **a qual** conheci ontem, é minha prima.

Além disso, a conjunção subordinativa integrante sempre inicia orações subordinadas substantivas e não orações adjetivas.

2.2.2 Usa-se obrigatoriamente a vírgula para separar orações subordinadas adjetivas explicativas

No domingo***, que é dia de descanso,*** passo-o fazendo arte culinária.

O menino, ***que foi batizado ontem***, mora na Avenida Paulista.

Você percebeu que a oração subordinada adjetiva explicativa é um aposto explicativo com um pronome relativo e um verbo ser a ele acrescido?

- O leão, ***o rei dos animais***, está em extinção.
  Aposto

- O leão, ***que é o rei dos animais***, está em extinção.
  Oração adjetiva explicativa

- Orlando Silva, ***o cantor das multidões***, já morreu.
  Aposto

- Orlando Silva, ***que foi o cantor das multidões***, já morreu.
  Oração adjetiva explicativa

2.2.3 Usa-se obrigatoriamente a vírgula para separar orações subordinadas reduzidas de particípio, de gerúndio e de infinitivo

Vale lembrar!

Particípio, gerúndio e infinitivos são formas nominais dos verbos, reconhecidos pela terminação:

- Infinitivo: é o verbo em sua forma original, terminados, portanto, em –AR, -ER e –IR. Exemplos: cant***ar***, bat***er***, part***ir***.
- Gerúndio: verbos terminados em –ANDO, -ENDO e –INDO. Exemplos: cant***ando***, bat***endo***, part***indo***.
- Particípio: verbos terminados em –ADO ou –IDO. Exemplos: cant***ado***, bat***ido***, part***ido***.

Orações reduzidas são as que o verbo está em uma das formas nominais, portanto, ou no gerúndio, ou no particípio ou no infinitivo. Diferentemente das demais orações subordinadas, as subordinadas reduzidas **não são** ligadas por conectivo. É exatamente por isso que elas são chamadas de reduzidas.

Veja a diferença entre uma oração desenvolvida e uma oração reduzida:

Não convém ***que fale assim***.
OP Oração subordinada substantiva subjetiva

Não convém ***falar*** *assim*.
OP Oração subordinada substantiva subjetiva reduzida de **infinitivo**

Tipos de orações reduzidas:

1. Orações reduzidas de infinitivo:

Reduzida: Meu desejo era ***ganhar uma viagem.***
OP Oração subordinada substantiva predicativa reduzida de infinitivo

Desenvolvida: Meu desejo era ***que eu ganhasse uma viagem***.
OP Oração subordinada substantiva predicativa

Reduzida: Fiz as mudanças necessárias ***ao voltar das férias.***
OP Oração subordinada adverbial temporal reduzida de infinitivo

Desenvolvida: Fiz as mudanças necessárias ***quando voltei das férias***.
OP Oração subordinada adverbial temporal

2. Orações reduzidas de particípio:

Reduzida: A criança ***sequestrada*** foi resgatada.
OP | OP
Oração subordinada adjetiva restritiva reduzida de particípio

Desenvolvida: A criança ***que sequestraram*** foi resgatada.
OP | OP
Oração subordinada adjetiva restritiva

Reduzida: Rimos muito depois ***de passado tudo***.
Oração subordinada adverbial temporal reduzida de particípio

Desenvolvida: Rimos muito ***depois que tudo passou***.
OP Oração subordinada adverbial temporal

3. Orações reduzidas de gerúndio:

Reduzida: Emocionei-me com a criança ***cantando***.
OP Oração subordinada adjetiva restritiva reduzida de gerúndio

Desenvolvida: Emocionei-me com a criança ***que cantava***.
OP Oração subordinada adjetiva restritiva

Reduzida: Não consegui convencê-la a voltar ***mesmo fazendo de tudo***.
OP Oração subordinada adverbial concessiva reduzida de gerúndio

Desenvolvida: Não consegui convencê-la a voltar ***mesmo que eu tenha feito de tudo***.
OP Oração subordinada adverbial concessiva

Dicas que facilitam:

- As orações reduzidas de infinitivo normalmente são substantivas ou adverbiais;
- As orações reduzidas de particípio são normalmente adverbiais ou adjetivas e
- As orações reduzidas de gerúndio são normalmente adverbiais.

Quando o uso da vírgula é obrigatório no caso das orações reduzidas?

Ora, nos mesmos casos das orações desenvolvidas:

1. Para separar a oração subordinada adjetiva explicativa:
   Fiquei surpresa com a casa, ***pintada de branco***.
   (Forma desenvolvida:
   Fiquei surpresa com a casa, ***que pintaram de branco***.)

2. Para marcar o deslocamento da oração subordinada adverbial do final para o começo do período:
   Vencido o campeonato, permanecerão treinando.
   (Forma desenvolvida:
   Mesmo que vençam o campeonato, permanecerão treinando)
   (Ordem normal das orações no período:
   Permanecerão treinando *vencido o campeonato.*
   (Forma reduzida)
   Permanecerão treinando *mesmo que vençam o campeonato.*
   (Forma desenvolvida)

Exercícios – II

Agora, você vai verificar se aprendeu quais são os casos de uso obrigatório da vírgula entre orações de um período. Como nos anteriores, faça primeiro os exercícios para só depois consultar o gabarito no final do livro. Não se engane!

I – Justifique o uso da vírgula nos períodos abaixo:

1. Antes que o pai notasse, ele já escapulira.
2. Acabando a aula, os alunos saíram.
3. A Deus, que é todo-poderoso, nada é impossível.
4. “Vim, vi, venci.” (Júlio César)
5. Quem ri por último, ri melhor.
6. Se tivesse recursos, viajaria anualmente a Paris.
7. Conforme previ, o dólar aumentou.
8. Pedro estuda, no entanto não aprende.
9. A vaidade, afirmou o sábio, é a espuma do orgulho.
10. Ou irei ao cinema, ou ao teatro.
11. Apesar de pobre, Vera se veste bem.
12. Lido o livro, devolveu-o rapidamente.

II – Coloque a vírgula onde ela é obrigatória, justificando:

1. Visto que mentiu perdeu a credibilidade entre os amigos.
2. O homem que é mortal foge das doenças.
3. Maria é inteligente mas é um pouco distraída.
4. Somos bons portanto teremos o céu.
5. Quando for à quitanda traga morangos.
6. Comprada a casa a família mudou.
7. Conforme instruiu o professor estudamos em grupo.
8. Quem não arrisca não petisca.
9. A vida dizia ele é uma dádiva preciosa.
10. Supor é bom descobrir é melhor.
11. Caso o material chegue a tempo os projetos serão executados.
12. Querendo uma amiga para conversar conte comigo.

Enfim:

A vírgula pode ser uma pausa... ou não:

Não, espere.

Não espere.

Ela pode sumir com seu dinheiro:

23,4.

2,34.

Ela pode criar heróis:

Isso só, ele resolve.

Isso só ele resolve.

Ela pode ser a solução:

Vamos perder, nada foi resolvido.

Vamos perder nada, foi resolvido.

A vírgula muda uma opinião:
Não queremos saber.
Não, queremos saber.

A vírgula pode condenar ou salvar:
Não tenha clemência!
Não, tenha clemência!

Para finalizar os casos de uso obrigatório da vírgula, uma brincadeira que mostra que seu uso também pode expressar interesse de quem a utiliza:

SE O HOMEM SOUBESSE O VALOR QUE TEM A MULHER ANDARIA DE QUATRO A SUA PROCURA.*

- Se você for mulher, certamente colocou a vírgula depois de MULHER:
  Se o homem soubesse o valor que tem a mulher, andaria de quatro a sua procura.
- Se você for homem, colocou a vírgula depois de TEM:
  Se o homem soubesse o valor que tem, a mulher andaria de quatro a sua procura.

Quem disse que a vírgula não serve para nada? Depois de estudar os casos de uso obrigatório da vírgula, você com certeza jamais dirá isso!

(*) <http://www.correiodeuberlandia.com.br/blogs/revisaonanet/o-valor-da--virgula/ > disponível em 28 de junho de 2016)

Uso Proibido da Vírgula

Se, como já visto, existem casos em que o uso da vírgula é obrigatório, também há casos em que a vírgula nunca deve ser usada. São esses os casos a seguir:

Não há vírgula:

- **Entre sujeito e predicado**:
  Paulo chegou cedo.
  Errado: Paulo, chegou cedo.
- **Entre o verbo e o seu objeto:**
  Gosto de você.
  Errado: Gosto, de você.
  Comprei uma casa nova.
  Errado: Comprei, uma casa nova.
- **Entre o nome e o seu adjunto:**
  Nosso estoque de arroz acabou.
  Errado: Nosso, estoque de arroz acabou.
- **Entre o nome e o seu complemento:**
  Cecília tem orgulho da filha.
  Errado: Cecília tem orgulho, da filha
- **Entre oração principal e oração adjetiva restritiva:**
  O jovem que salvou o irmão morreu.
  Errado: O jovem, que salvou o irmão morreu.
- **Antes da conjunção "*e*" quando ela introduz a última oração coordenada:**
  Bruna acordou e tomou café da manhã.
  Errado: Bruna acordou, e tomou café da manhã.

- **Orações subordinadas substantivas não são separadas por vírgula:**
  Esperamos que venham à festa.
  Errado: Esperamos**,** que venham à festa.
- **Oração adverbial, após a oração principal, não exige vírgula:**
  Todos ficaram calados tendo em vista que o assunto era importante.
  Errado: Todos ficaram calados**,** tendo em vista que o assunto era importante.

Casos Especiais Quanto ao Uso da Vírgula

❖ VÍRGULA ANTES DO "ETC."

No que se refere ao uso da vírgula antes do "etc.", Josué Machado em http://revistalingua.com.br/textos/67/artigo249104-1.asp, disponível em 19/11/2015, afirma que a maioria dos especialistas diz que sim, porque a maioria dos escritores a usa: "Assim, preceder "etc." por vírgula é seguir a consagração do uso, embora – é importante ressalvar –, o sinal não seja obrigatório."

❖ VÍRGULA ANTES DO "E"

Normalmente, não se emprega a vírgula antes da conjunção aditiva "e", mas há situações em que isso acontece:

1. Quando ela coordena orações com sujeitos diferentes, a vírgula pode ser colocada para evitar ambiguidade:
   Júlio gosta do vermelho, e Maria gosta do amarelo.

2. Nos casos de polissíndeto, ou seja, figura de construção que consiste em repetições enfáticas da conjunção aditiva "e":
   "E anda, e corre, e vira, e volta, e não sai do lugar."

Com esses casos especiais, encerramos os casos de uso obrigatório da vírgula, os casos em que não se deve colocá-la e os casos especiais de uso desse sinal de pontuação que tanto assombra os usuários da Língua Portuguesa. Como se pode observar, o uso da vírgula não é um bicho de sete cabeças!

Prova disso é que você com certeza acertará os exercícios finais sobre o assunto.

Exercícios finais

I – Uma vírgula (ou a falta dela) pode alterar completamente o significado da frase. Em cada um dos binômios abaixo, explique o que muda em cada frase conforme a presença ou não da vírgula:

- Maria, José e o cãozinho Pipoca foram passear.
- Maria José e o cãozinho Pipoca foram passear.
- Não, espere.
- Não espere.
- Este, juiz, é corrupto.
- Este juiz é corrupto.

II – Justifique a presença de cada uma das vírgulas destacadas no trecho abaixo:

"Os frequentadores do barzinho, na Praça, viram com espanto o Padre Natário e o Dr. Godinho conversando amistosamente na loja do Guedes. Amaro, o reverendo, usando de sua argúcia, tinha por missão descobrir o autor do artigo que causava rebuliço na igreja de Leiria.

Em seguida, foi à procura do Padre Silvério. Pediu-lhe que o ajudasse na tarefa de identificar o tal "O Liberal", pois era provável que aparecessem outros escritos, no mesmo tom ou pior que o "Comunicado".

Borges, escrivão de polícia que detestava padres, observando da sacada do prédio da administração o clima de entendimento entre os dois, ouviu de Artur Couceiro:

- Por fim, os urubus chegarão ao jornalista misterioso. Afinal, padre Silvério é confessor da mulher do Godinho.
- Padrecos de uma figa! Tomara que sejam todos mandados a Alcobaça ou para lugares ainda mais distantes." (**O Crime do Padre Amaro**, de Eça de Queirós)

III – Reescreva a frase abaixo, eliminando as vírgulas incorretas e acrescentando as obrigatórias. Justifique a eliminação e a colocação das vírgulas:

"O menino, precisava de muita atenção, e de carinho. Ficou órfão aos oito anos e foi enviado para a casa de uma tia. Na rua em que passou a morar, um menino maior do que ele lhe dava, longas surras. Um dia, na saída da escola, o menino órfão matou o marmanjo à queima-roupa."

IV – A carta comercial abaixo apresenta vários erros de uso obrigatório da vírgula. Assinale-os e corrija-os.

São Paulo 31 de outubro de 2006.

À
Indústria Metalúrgica Prêmio Ltda.
Rua Miosótis 32
São Paulo/SP

Prezados Senhores:
Apesar de ainda não termos recebido a última parcela referente à aquisição do material de escritório feito por V.Sas em maio deste ano estamos entregando com a presente os seguintes materiais:

- Dois pacotes de papel cartão;
- Três pacotes de arquivos de papelão;

- Cinco caixas de pastas suspensas;
- Quatorze mil etiquetas para impressão;
- Seiscentos frascos de corretor ortográfico.

Na semana passada a maioria dos materiais solicitados em seu pedido já havia sido entregue e hoje concluímos nosso fornecimento. Assim solicitamos que V.Sas. honrem o compromisso firmado conosco.

Aproveitamos o ensejo para informar que no próximo ano estaremos lançando dois novos produtos: o extrator de grampos Poupa Pele e um clipe em tamanho gigante para unir documentos tamanho ofício sem marcá-los.

Também estamos anunciando o lançamento da Revista Cata-Cliente que será enviada aos nossos clientes quinzenalmente.

Atenciosamente.

Carlos Rocha
Gerente de Vendas

V – Justifique o uso da vírgula nas orações e períodos seguintes:

1. Escrita a carta, ele pediu que a levasse ao correio.
2. Dom Pedro I, Imperador do Brasil, abdicou.
3. O leite, que é branco, é um alimento indispensável.
4. Este livro, disse o professor, é para ser lido.
5. Europa, Ásia, África, América e Oceania são os cinco continentes do mundo.
6. Ouvi, ó céus, as minhas preces.
7. Sim, é o que quero.
8. Casa de ferreiro, espeto de pau.
9. Rua José Paulino, 130 – 10º andar
10. Filho, estou aqui te esperando!

11. Embora triste, compareci ao aniversário de minha sobrinha.
12. Os animais, que são irracionais, guiam-se pelos instintos.
13. Já me desculpei, por conseguinte podes me perdoar.
14. De acordo com as pesquisas, as mulheres ganham menos que os homens.
15. Desde que seja mantida a ordem, poderemos continuar a palestra.
16. Pedro, Carlos, Alice e José são meus melhores alunos.
17. Machado de Assis, grande escritor brasileiro, escreveu o romance **Quincas Borba**.
18. Embora todos estivessem avisados, reenviei o comunicado.
19. João, traga aquele vaso para mim.
20. Ou você estuda, ou será reprovado.
21. João falou tudo à polícia, ou melhor, tudo o que sabia.
22. Amando o próximo, louvamos a Deus.
23. Não, nunca pedi isso.
24. O homem ponderado fala pouco, pensa muito, age sempre.
25. Aracaju, 29 de março de 2015.
26. Vão começar as festas do mês de junho, isto é, as festas juninas.
27. Apesar de todos os esforços, não conseguiram concluir a obra.
28. Segundo pensa meu tio, há três mulheres para cada homem.
29. A caridade, que é a principal virtude, foi ensinada por Jesus.
30. Já que ele se esforçou, merece nossos aplausos.
31. A matemática, explicava o professor, sofreu modificações.
32. Assim que ele saiu, o telefone tocou.
33. Os sapos, os grilos e os morcegos gostam da noite.
34. A menina saiu cedo, porém não conseguiu chegar na hora marcada.

35. Sócrates, o filósofo, foi condenado à morte.
36. Ora faz frio, ora faz calor.
37. Levantou, sondou os presentes, sorriu.
38. Terminada a conversa, Maria chorou.
39. D. Alice, a vizinha do terceiro andar, está vendendo seu apartamento.
40. Concluindo o curso de Administração, começarei a trabalhar.
41. O menino, a que horas começarão as aulas?
42. "E ele foi depois tomado, e preso, e arrastado, e decepado, e enforcado." (Fernão Lopes)

VI – Exercícios para justificar as vírgulas que estão numeradas (*):

> Modelo:
> "Em Roma (1), visitamos as igrejas mais antigas, (2) o Fórum, o Coliseu e alguns palácios; em Florença (3), só os museus.
> (1) Deslocamento do adjunto adverbial de lugar;
> (2) Caso de enumeração;
> (3) Caso de elipse ou zeugma.

1. Vanessa (1), minhas cores prediletas são o amarelo (1), o vermelho e o azul (3), que é a cor do céu.

(1)

(2)

(3)

2. No tribunal (1), ouvida a sentença do juiz (2), muitos ficaram tristes.

(1)

(2)

Se tudo correr bem (1), viajaremos amanhã
(1)

4. Ela chegou (1), telefonou e saiu.
(1)

(*) Exercício retirado de Madre Olívia. **Uso da Vírgula**. 4.ed. Petrópolis: Vozes, 1982. (Prática de Português)

Respostas dos Exercícios

Exercícios – I

I – Justifique o uso da vírgula nas frases abaixo:

1. "Finalmente, vão os bons para o céu e os maus, para o inferno." (P. Vieira)

Deslocamento do adjunto adverbial de tempo para o início da frase.

2. "Aristóteles, o maior filósofo de todos os tempos, foi o criador da Lógica." (Leonel Franca)

Para marcar o aposto.

3. "Penso, logo existo." (Descartes)

Antes das conjunções coordenativas conclusivas.

4. "O amor, por exemplo, é um sacerdócio." (Machado de Assis)

Para marcar expressões explicativas ou corretivas.

5. "Sabeis, cristãos, por que não faz fruto a palavra de Deus?" (Vieira)

Para marcar o vocativo.

6. Faça o molho, a batata assada, o frango grelhado e a macarronada por volta de 11 horas.

Na separação de elementos de uma enumeração.

7. "Uma noite, no seio da cabana, a virgem de Tupã tornou-se esposa de Martin." (José de Alencar)

Deslocamento do adjunto adverbial de tempo e de lugar para o início da frase.

8. Rua Padre Machado, 398.

Em endereços.

9. "Era mister, pois, que eu fosse posto às varas do ridículo." (Rui Barbosa)

Antes da conjunção coordenativa conclusiva.

10. Sim, é o que quero.

Deslocamento do adjunto adverbial de afirmação para o início da frase.

II – Coloque a vírgula onde ela é obrigatória, justificando:

1. Com afinco, muitos alunos estudaram a matéria da prova.

Deslocamento do adjunto adverbial de modo para o início da frase.

2. A Bahia, o estado mais africano do Brasil, é a morada do sol.

Para marcar o aposto.

3. Ele prefere cinema e eu, teatro.

Para marcar a elipse do verbo preferir.

4. Aquela paisagem nos despertava confiança, tranquilidade e calma.

Separar elementos de uma enumeração.

5. Meus amigos, a ordem é a base do governo. (Machado de Assis)

Para marcar o vocativo.

6. Naquele dia, os candidatos receberam a imprensa.

Para marcar o deslocamento do adjunto adverbial de tempo.

7. Eles se esforçaram muito, porém não obtiveram o resultado desejado.

Antes da conjunção subordinativa adversativa.

8. A sua atitude, isto é, o seu comportamento merece elogios.

Para marcar expressões explicativas ou corretivas.

9. Havia uma enorme cadeira na sala e, um pequeno baú no quarto.

Elipse do verbo haver.

10. A medida aplicada, no entanto não resolveu o problema.

Antes da conjunção coordenativa adversativa.

Exercícios – II

I – Justifique o uso da vírgula nos períodos abaixo:

1. Antes que o pai notasse, ele já escapulira.

Deslocamento da oração subordinada adverbial temporal para o início do período.

2. Acabando a aula, os alunos saíram.

Deslocamento da oração subordinada adverbial temporal reduzida de gerúndio para o início do período.

3. A Deus, que é todo-poderoso, nada é impossível.

Para separar orações subordinadas adjetivas explicativas.

4. "Vim, vi, venci." (Júlio César)

Para separar orações coordenadas assindéticas.

5. Quem ri por último, ri melhor.

Para separar elementos de um provérbio.

6. Se tivesse recursos, viajaria anualmente a Paris.

Deslocamento da oração subordinada adverbial condicional para o início do período.

7. Conforme previ, o dólar aumentou.

Deslocamento da oração subordinada adverbial conformativa para o início do período.

8. Pedro estuda, no entanto não aprende.

Para marcar a oração coordenada sindética adversativa (antes da conjunção).

9. A vaidade, afirmou o sábio, é a espuma do orgulho.

Para marcar orações intercaladas.

10. Ou irei ao cinema, ou ao teatro.

Para marcar a oração coordenada sindética alternativa (antes da conjunção).

11. Apesar de pobre, Vera se veste bem.

Deslocamento da oração subordinada adverbial concessiva para o início do período.

12. Lido o livro, devolveu-o rapidamente.

Deslocamento da oração subordinada adverbial temporal reduzida de particípio para o início do período.

II – Coloque a vírgula onde ela é obrigatória, justificando:

1. Visto que mentiu, perdeu a credibilidade entre os amigos.

Deslocamento da oração subordinada adverbial causal para o início do período.

2. O homem, que é mortal, foge das doenças.

Para separar orações subordinadas adjetivas explicativas.

3. Maria é inteligente, mas é um pouco distraída.

Para marcar as orações coordenadas sindéticas adversativas (antes da conjunção).

4. Somos bons, portanto teremos o céu.

Para marcar as orações coordenadas sindéticas conclusivas (antes da conjunção).

5. Quando for à quitanda, traga morangos.

Deslocamento da oração subordinada adverbial temporal para o início do período.

6. Comprada a casa, a família mudou.

Deslocamento da oração subordinada adverbial temporal reduzida de particípio para o início do período.

7. Conforme instruiu o professor, estudamos em grupo.

Deslocamento da oração subordinada adverbial conformativa para o início do período.

8. Quem não arrisca, não petisca.

Para separar elementos de um provérbio.

9. A vida, dizia ele, é uma dádiva preciosa.

Para marcar ou separar orações intercaladas.

10. Supor é bom, descobrir é melhor.

Para separar orações coordenadas assindéticas.

11. Caso o material chegue a tempo, os projetos serão executados.

Deslocamento da oração subordinada adverbial condicional para o início do período.

12. Querendo uma amiga para conversar, conte comigo.

Deslocamento da oração subordinada adverbial condicional reduzida de gerúndio para o início do período.

Exercícios finais

I – Uma vírgula (ou a falta dela) pode alterar completamente o significado da frase. Em cada um dos binômios abaixo, explique o que muda em cada frase conforme a presença ou não da vírgula:

1. Maria, José e o cãozinho Pipoca foram passear.
2. Maria José e o cãozinho Pipoca foram passear.

A diferença está na quantidade de pessoas que saíram com o cãozinho: na primeira frase, José e Maria (duas pessoas) saem com o cãozinho e, na segunda, apenas um homem chamado José Maria.

- Não, espere.
- Não espere.

O sentido das frases é exatamente o oposto um do outro: a primeira frase, com a vírgula entre o advérbio de negação e o verbo, pede que o receptor espere e, a segunda, que não espere.

- Este, juiz, é corrupto.
- Este juiz é corrupto.

A vírgula marca a presença do vocativo na primeira frase: alguém diz ao juiz que uma terceira pessoa é corrupta.

Na segunda, alguém está informando que um juiz é corrupto.

II – Justifique a presença de cada uma das vírgulas destacadas no trecho abaixo:

"Os frequentadores do barzinho, **1** na Praça, viram com espanto o Padre Natário e o Dr. Godinho conversando amistosamente na loja do Guedes. Amaro, **2** o reverendo, **3** usando de sua argúcia, tinha por missão descobrir o autor do artigo que causava rebuliço na igreja de Leiria.

4 Em seguida, foi à procura do Padre Silvério. Pediu-lhe que o ajudasse na tarefa de identificar o tal "O Liberal", **5** pois era provável que aparecessem outros escritos no mesmo tom ou pior que o "Comunicado".

Borges, **6** escrivão de polícia que detestava padres, **7** observando da sacada do prédio da administração o clima de entendimento entre os dois, ouviu de Artur Couceiro:

- **8** Por fim, os urubus chegarão ao jornalista misterioso. **9** Afinal, padre Silvério é confessor da mulher do Godinho.

- Padrecos de uma figa! Tomara que sejam todos mandados a Alcobaça ou para lugares ainda mais distantes." (**O Crime do Padre Amaro**, de Eça de Queirós)

1. **Deslocamento do adjunto adverbial de lugar para o meio da frase;**
2. **Aposto;**
3. **Oração subordinada adjetiva explicativa reduzida de gerúndio;**
4. **Deslocamento do adjunto adverbial de lugar para o início da frase;**
5. **Oração coordenada sindética explicativa (antes da conjunção);**
6. **Aposto;**
7. **Oração subordinada adjetiva reduzida de gerúndio;**

8. **Deslocamento do adjunto adverbial de tempo para o início da frase e**
9. **Deslocamento do adjunto adverbial de tempo para o início da frase.**

III – Reescreva a frase abaixo, eliminando as vírgulas incorretas e acrescentando as obrigatórias. Justifique a eliminação e a colocação das vírgulas:

"O menino, **1** precisava de muita atenção, **2** e de carinho. Ficou órfão aos oito anos e foi enviado para a casa de uma tia. Na rua em que passou a morar, um menino maior do que ele lhe dava, **3** longas surras. Um dia, na saída da escola, o menino órfão matou o marmanjo à queima-roupa. "

"O menino precisava de muita atenção e de carinho. Ficou órfão aos oito anos e foi enviado para a casa de uma tia. Na rua em que passou a morar, um menino maior do que ele lhe dava longas surras. Um dia, na saída da escola, o menino órfão matou o marmanjo à queima-roupa."

1. **Não se separa o sujeito do predicado com vírgula;**
2. **Não se separa o verbo transitivo indireto de seu objeto indireto e**
3. **Não se separa o verbo transitivo direto de seu objeto direto.**

IV – A carta comercial abaixo apresenta vários erros de uso obrigatório da vírgula. Assinale-os e corrija-os.

São Paulo, 31 de outubro de 2006. **Em datas**

À
Indústria Metalúrgica Prêmio Ltda.
Rua Miosótis, 32 **Em endereços**
São Paulo/SP

Prezados Senhores:

Apesar de ainda não termos recebido a última parcela referente à aquisição do material de escritório feito por V.Sas em maio deste ano, **(deslocamento da oração subordinada adverbial concessiva)** estamos entregando com a presente os seguintes materiais:

- Dois pacotes de papel cartão;
- Três pacotes de arquivos de papelão;
- Cinco caixas de pastas suspensas;
- Quatorze mil etiquetas para impressão;
- Seiscentos frascos de corretor ortográfico.

Na semana passada, **(deslocamento do adjunto adverbial de tempo para o início da frase)** a maioria dos materiais solicitados em seu pedido já havia sido entregue e, **(deslocamento do adjunto adverbial de tempo para o meio da frase)** hoje, concluímos nosso fornecimento. Assim, **(deslocamento do adjunto adverbial de modo para o início da frase)** solicitamos que V.Sas. honrem o compromisso firmado conosco.

Aproveitamos o ensejo para informar que, no próximo ano **(deslocamento do adjunto adverbial de tempo para o meio da frase),** estaremos lançando dois novos produtos: o extrator de grampos Poupa Pele e um clipe em tamanho gigante para unir documentos tamanho ofício sem marcá-los.

Também estamos anunciando o lançamento da Revista Cata-Cliente que será enviada aos nossos clientes quinzenalmente.

Atenciosamente.

Carlos Rocha
Gerente de Vendas

V – Justifique o uso da vírgula nas orações e períodos seguintes:

1. Escrita a carta, ele pediu que a levasse ao correio.
Deslocamento da oração subordinada adverbial temporal reduzida de particípio para o início do período.

2. Dom Pedro I, Imperador do Brasil, abdicou.
Aposto.

3. O leite, que é branco, é um alimento indispensável.
Oração subordinada adjetiva explicativa.

4. Este livro, disse o professor, é para ser lido.
Oração intercalada.

5. Europa, Ásia, África, América e Oceania são os cinco continentes do mundo.
Enumeração.

6. Ouvi, ó céus, as minhas preces.
Vocativo.

7. Sim, é o que quero.
Deslocamento do adjunto adverbial de afirmação para o início da frase.

8. Casa de ferreiro, espeto de pau.
Separar elementos de um provérbio.

9. Rua José Paulino, 130 – 10º andar
Endereço.

10. Filho, estou aqui te esperando!
Vocativo.

11. Embora triste, compareci ao aniversário de minha sobrinha.
Deslocamento da oração subordinada adverbial concessiva para o início do período.

12. Os animais, que são irracionais, guiam-se pelos instintos.
Oração subordinada adjetiva explicativa.

13. Já me desculpei, por conseguinte podes me perdoar.
Antes de conjunção coordenativa conclusiva para marcar a oração coordenada sindética conclusiva.

14. De acordo com as pesquisas, as mulheres ganham menos que os homens.
Deslocamento da oração subordinada adverbial conformativa para o início do período.

15. Desde que seja mantida a ordem, poderemos continuar a palestra.
Deslocamento da oração subordinada adverbial condicional para o início do período.

16. Pedro, Carlos, Alice e José são meus melhores alunos.
Enumeração.

17. Machado de Assis, grande escritor brasileiro, escreveu o romance **Quincas Borba**.
Aposto.

18. Embora todos estivessem avisados, reenviei o comunicado.
Deslocamento da oração subordinada adverbial concessiva para o início do período.

19. João, traga aquele vaso para mim.
Vocativo.

20. Ou você estuda, ou será reprovado.
Oração coordenada sindética alternativa – antes da conjunção coordenativa alternativa.

21. João falou tudo à polícia, ou melhor, tudo o que sabia.
Expressão explicativa ou corretiva.

22. Amando o próximo, louvamos a Deus.
Deslocamento da oração subordinada adverbial temporal reduzida de gerúndio para o início do período.

23. Não, nunca pedi isso.
Deslocamento do adjunto adverbial de negação para o início da frase.

24. O homem ponderado fala pouco, pensa muito, age sempre.
Orações coordenadas assindéticas.

25. Aracaju, 29 de março de 2015.
Em datas.

26. Vão começar as festas do mês de junho, isto é, as festas juninas.
Expressão explicativa ou corretiva.

27. Apesar de todos os esforços, não conseguiram concluir a obra.
Deslocamento da oração subordinada adverbial concessiva para o início do período.

28. Segundo pensa meu tio, há três mulheres para cada homem.
Deslocamento da oração subordinada adverbial conformativa para o início do período.

29. A caridade, que é a principal virtude, foi ensinada por Jesus.
Oração subordinada adjetiva explicativa.

30. Já que ele se esforçou, merece nossos aplausos.
Deslocamento da oração subordinada adverbial causal para o início do período.

31. A matemática, explicava o professor, sofreu modificações.
Oração intercalada.

32. Assim que ele saiu, o telefone tocou.
Deslocamento da oração subordinada adverbial temporal para o início do período.

33. Os sapos, os grilos e os morcegos gostam da noite.
Enumeração.

34. A menina saiu cedo, porém não conseguiu chegar na hora marcada.
Oração coordenada sindética adversativa – antes da conjunção coordenativa adversativa.

35. Sócrates, o filósofo, foi condenado à morte.
Aposto.

36. Ora faz frio, ora faz calor.
Oração coordenada sindética alternativa – antes da conjunção coordenativa alternativa.

37. Levantou, sondou os presentes, sorriu.
Orações coordenadas assindéticas.

38. Terminada a conversa, Maria chorou.
Deslocamento da oração subordinada adverbial temporal reduzida de particípio para o início do período.

39. D. Alice, a vizinha do terceiro andar, está vendendo seu apartamento.
Aposto.

40. Concluindo o curso de Administração, começarei a trabalhar.
Deslocamento da oração subordinada adverbial temporal reduzida de gerúndio para o início do período.

41. Ó menino, a que horas começarão as aulas?
Vocativo.

42. "E ele foi depois tomado, e preso, e arrastado, e decepado, e enforcado." (Fernão Lopes)
Polissíndeto.

VI – Exercícios para justificar as vírgulas que estão numeradas (*):

Modelo: "Em Roma (1), visitamos as igrejas mais antigas, (2) o Fórum, o Coliseu e alguns palácios; em Florença (3), só os museus. (1) Deslocamento do adjunto adverbial de lugar; (2) Enumeração; (3) Elipse ou Zeugma.

1. Vanessa (1), minhas cores prediletas são o amarelo (1), o vermelho e o azul (3), que é a cor do céu.

(1) VOCATIVO;

(2) ENUMERAÇÃO;

(3) ORAÇÃO SUBORDINADA ADJETIVA EXPLICATIVA.

2. No tribunal (1), ouvida a sentença do juiz (2), muitos ficaram tristes.

(1) DESLOCAMENTO DO ADJUNTO ADVERBIAL DE LUGAR PARA O INÍCIO DA FRASE;

(2) DESLOCAMENTO DA ORAÇÃO SUBORDINADA ADVERBIAL TEMPORAL REDUZIDA DE PARTICÍPIO.

3.Se tudo correr bem (1), viajaremos amanhã

(1) DESLOCAMENTO DA ORAÇÃO SUBORDINADA ADVERBIAL CONDICIONAL PARA O INÍCIO DO PERÍODO.

4. Ela chegou (1), telefonou e saiu.

(1) ORAÇÕES COORDENADAS ASSINDÉTICAS.

(*) Exercício retirado de Madre Olívia. **Uso da Vírgula**. 4.ed. Petrópolis: Vozes, 1982. (Prática de Português)

Anotações

Impressão e acabamento
Gráfica da Editora Ciência Moderna Ltda.
Tel: (21) 2201-6662